Déjame que te cuente

Soledad Morillo Belloso

Don Fernando

Guapísimo, atractivo, viril, valiente, seductor, fogoso. Así lo describen las crónicas. Su padre, el rey Juan II de Aragón, negoció en secreto su matrimonio con Isabel, por algunos proclamada como Princesa de Asturias y, por tanto, posible heredera al trono de Castilla y León. Todo se acordó bajo la mesa. Fernando estaba prometido para casarse con la hija de don Juan Pacheco, uno de los favoritos del rey Enrique IV, medio hermano de la princesa. A Isabel, aun sin conocerlo, le atraía Fernando. Además de las comprensibles conveniencias de poder unir los reinos de Castilla, León y Aragón, a oídos de la princesa habían llegado las noticias del coraje y arrojo del joven príncipe. Ah, pero la cosa no era coser y cantar. Ellos eran primos y por ello precisaban de una bula papal que autorizara el casorio.

El papa veía con buenos ojos el matrimonio de Isabel y Fernando. Siendo ambos católicos – ella mucho más devota que él - ello significaría tenerlos como aliados en la lucha contra los musulmanes y, eventualmente, para que la Inquisición pudiese implantarse. Pero el papa temía que favorecer este matrimonio pudiere enguerrillarlo con los reyes de Castilla, Portugal y Francia, que querían casar a Isabel con otro escogido por ellos. Le encargó entonces al cardenal Rodrigo de Borja que se trasladara a España y buscara un modo aceptable para celebrar el enlace.

Los acendrados principios católicos de Isabel para casar sin contar con la autorización papal se interponían en la realización de la boda. Finalmente, con el concordato del cardenal Borja, a los novios se les presentó una supuesta bula emitida en junio de 1464 por el anterior papa, Pío II, a favor de Fernando, según la cual él podría casar con cualquiera dama aunque hubiera entre ellos relación de sangre de hasta tercer grado. Isabel aceptó. No obstante, persistía el temor de que Enrique no estuviera de acuerdo pues, según el tratado de Guisando, él tendría pleno derecho a escogerle marido a Isabel. Ella estaba en Ocaña, vigilada por Juan Pacheco. Con la excusa de visitar la tumba de su hermano Alfonso, en mayo de 1469 se escapó. Fernando salió de Aragón disfrazado de mozo de mulas y así logró burlar las alcabalas que habían sido colocadas en toda Castilla. Sus ayudantes se hicieron pasar por comerciantes; parte del viaje lo hizo acompañado de Aldonza Roig de Ivorra, una hermosísima noble catalana de Cervera con quien llevaba años ya manteniendo una muy pasional relación de amantes.

Luego de un sinfín de peripecias, el 19 de octubre de 1469 Isabel y Fernando casaron en el Palacio de los Vivero de Valladolid. El, además de príncipe heredero de Aragón, era rey de las Sicilias y príncipe de Gerona. Cuando el rey Enrique supo del casorio ardió en cólera. Pidió que se paralizara la bula que había dispensado al matrimonio, aduciendo que esa bula no tenía validez alguna. De nada le valió su encono. El 1 de diciembre de 1471, Sixto IV emitió una bula que dispensaba al matrimonio de sus lazos de consanguinidad.

Isabel y Fernando tuvieron desde el mero principio un matrimonio bien avenido. Ella se había enamorado de él nomás verlo y él le había enseñado a ella un mundo de pasiones que ella desconocía. Pero Fernando era Fernando. El mismo que siempre había sido. Y cuando Isabel supo de los devaneos de su marido – de los ocurridos antes del matrimonio y luego de las nupcias - su relación con él se fue enfriando y ella se convirtió no en la esposa sino en la reina poderosa que bien se lo hacía saber y sentir a su esposo. Lo seguía amando pero no sería jamás sumisa.

De su matrimonio con Isabel, Fernando tuvo 5 hijos, a saber: Isabel, Princesa de Asturias, quien casó con el infante Alfonso de Portugal. Este murió en un accidente de cabalgadura e Isabel hija casó de nuevo, con un primo del difunto marido, de nombre Manuel, que sería el rey de Portugal Manuel I; Juan, Príncipe de Asturias, quien casó con Margarita de Austria, que era hija del emperador Maximiliano I de Habsburgo; el príncipe Juan, que hubiera heredado la corona, murió de tuberculosis; Juana, Princesa de Asturias, casó con Felipe el Hermoso de Habsburgo, hijo del emperador Maximiliano I. Juana llegó a ser reina de Castilla a la muerte de su madre. Ella pasó a la historia como Juana La Loca. Tuvo con Felipe (el Hermoso) varios hijos, entre ellos Carlos, quien heredó el trono y llegó a ser el famoso Emperador Carlos V del Sacro Imperio Romano. Mentalmente afectada por la muerte de su marido, su padre, Fernando El Católico, recluyó a Juana en Tordesillas, donde murió de muy avanzada edad; María, casó con el viudo de su hermana Manuel I de Portugal y fue madre de Juan III y de Enrique I el Cardenal, y de quien sería la futura emperatriz Isabel de Portugal, esposa de su sobrino Carlos I de España; Catalina, quien primero casó con el príncipe Arturo de Gales, quien falleció y entonces ella casó con su hermano, que sería Enrique VIII. Catalina se convirtió en reina de Inglaterra y fue la madre de la reina María I Tudor, conocida como "Bloody Mary".

De las infidelidades de Fernando, que no fueron pocas, la más relevante fue sin duda la relación que mantuvo con Aldonza Roig, quien al decir de muchos fue el verdadero amor de su vida. Con ella tuvo dos hijos: Alonso y Juana. Como Alonso fue el primer hijo varón de Fernando, ello enredó la sucesión, pues aunque ilegítimo el niño tenía derechos.

Si Isabel y Fernando solo engendraron un varón - el príncipe don Juan - a la muerte de éste Alonso debería ser el varón en línea de sucesión directa de la dinastía Trastámara. En aquellas épocas, los hijos ilegítimos solían privar en cuestiones de herencia a pesar de ser bastardos, si se corría el riesgo de extinción del linaje. Por ello, después de la muerte del príncipe Juan en 1497 y, en especial, tras la muerte de Felipe el Hermoso y la definitiva enajenación mental de la reina Juana en 1506, pues Alonso de Aragón hubiera tenido serias opciones de heredar ambos tronos peninsulares.

Pero cuando Alonso era apenas un niño, Fernando decidió que su hijo tomara los hábitos. Eso determinó que no pudiera heredar la corona de Aragón y otros títulos que ostentaba su padre. Si Alonso no hubiera sido clérigo, la historia hubiera sido muy distinta.

Mas cuando falleció Fernando, por allá por enero de 1516, resultó que el testamento concedía a su hijo Alonso ser gobernador de los reinos de Aragón y Sicilia hasta la mayoría de edad del heredero, quien era el nieto del rey y sobrino del Alonso, Carlos de Gante. Así las cosas, entre 1516 y 1517 Aragón estuvo por unos meses en gobierno de Alonso.

Más hijos

Fernando tuvo, aun en vida de Isabel, cuatro hijas ilegítimas: Juana de Aragón, casada con Bernardino Fernández de Velasco, conde de Haro y condestable de Castilla; María de Aragón, hija de una bilbaína de nombre Toda; María Pereira, hija de la portuguesa Beatriz Pereira; y Juana de Aragón, princesa de Tagliacozzo.

Fernando tuvo otros hijos bastardos productos de sus devaneos: María y María Esperanza, quienes fueron abadesas de Nuestra Señora de Gracia en el Real de Madrigal en Ávila.

A la muerte de Isabel y para evitar que su yerno Felipe el Hermoso se apropiara del trono, Fernando desposó a Germania de Foix, una joven noble francesa de 16 años. Pero el problema estaba en que la muchacha le exigió que cumpliera con sus deberes sexuales al sexagenario Fernando, por lo que éste tuvo que recurrir a los testículos de toro para estimular su potencia sexual. Felipe el Hermoso murió repentinamente, en extrañas circunstancias, y su mujer, Juana la Loca, fue declarada incapacitada, así que Fernando se convirtió en Regente de Castilla, con lo que el asunto de la sucesión quedaba resuelto.

El remedio de los testículos de toro no funcionó y entonces Fernando, para satisfacer a su esposa, comenzó a medicarse con cantárida, un insecto que vive en los algunos árboles y que contiene una sustancia que provoca la dilatación general de los vasos sanguíneos, que viene a ser la Viagra de esas épocas. Los efectos vasodilatadores de la cantárida podían provocar hemorragias cerebrales. Y eso fue lo que le pasó a Fernando. Sufrió una apoplejía, no se sabe si en el acto amatorio o en los preliminares. Y murió. Con Germania tuvo a Juan, nacido el 3 de mayo de 1509 pero fallecido a las pocas horas del alumbramiento.

Como vemos, Fernando no era ni tan santo ni tan católico. Para enredar aún más todo el asunto, a la muerte de Fernando, su viuda, Germania, conoce en 1517 a Carlos, de quien era abuelastra. Ella tenía 29 años y el 17. El hombre fuego, la mujer estopa y el diablo sopla. Y sopló tanto que de ese affaire nació una niña, de nombre Isabel que fue criada en la corte de Castilla. Se le concede el título de infanta de Castilla y se la designa como hija de la Majestad del Emperador. Estuvo en el convento de Nuestra Señora de Gracia el Real de Madrigal en Ávila, en la que convivió con dos hijas naturales de Fernando el Católico, María y María Esperanza.

Cristóbal

Aquel mes de agosto, el comandante llegó a tierra. Estaba exhausto. Ese día no lo acompañaba el entusiasmo sino más bien una cierta pesadumbre, una silente y melancólica tristeza. Muchas veces los hombres sienten que no consiguen propósito de vida, quizás porque alguien les enseña desde muy niños a creer que hombre que de grande no tiene épica que narrar no es hombre sino apenas pobre ensayo de gente.

De él se ha dicho de todo. La historia no le ha sido por cierto ni benevolente ni piadosa. Loco, tarambana, aprovechado, farsante y un sinnúmero de adjetivos se han usado para calificarlo. Pero, en mi humilde opinión, para comprenderlo hay que sopesar su obra visionaria, que solo cabe en alguien para quien el horizonte nublado nunca fue impedimento para sueños de grandezas y esperanzas. Para ese hombre siempre había un camino.

El Curiosity nos envía datos desde Marte. Llegó a ese planeta en recientes fechas. Es una magna hazaña de la exploración, un triunfo rutilante para la Humanidad. Es el premio a la constancia, al conocimiento, a la ciencia, a hombres y mujeres con visión de largo alcance y entusiasmo de largo aliento. Fue también, por cierto, en un mes de agosto, pero por allá por el ya tan brumoso y lejano 1498, comandando las carabelas Castilla, Correo y Vachina, en su tercer viaje, cuando el gran almirante arribó a costas de una "tierra de gracia" que con el tiempo se conocería como Venezuela.

Los navíos con sus altivas velas llegaron por Paria. En su bitácora, el comandante Cristobal Colón apuntó que en aquel mar había escuchado un "rugir muy grande". Y que se le había llenado de "miedo el cuerpo". ¿Vaticinio, acaso?

Ese tercer viaje del Comandante pasó por debajo de la mesa, sin gloria alguna, como si no hubiera existido. Tenemos los venezolanos el pésimo habito de menospreciar lo importante, de lanzar al cajón del olvido las fechas y los acontecimientos que nos dieron origen. Tendemos también a olvidar los errores cometidos, sin procesarlos y, por tanto, sin aprender de ellos.

Maximiliano y Carlota

En medio de los insomnios que atravieso, leo y releo. Busco respuestas, pistas, consejos de la historia propia y de otros. Me reencuentro con *Chapultepec,* una novela histórica que se desarrolla en el México de Maximiliano y Carlota. El autor nos pasea con detalles mundanos - y sin inservible pacatería - por los pensamientos y emociones de las gentes de esa época en un país en el que confluían buenos y malos quehaceres, intrigas y sinceridades, sentires intermedios y culpas repartidas. Fabulando la historia, el autor explica cómo una nación pudo entrar en estado de híper realismo. Hallo similitud entre esa narración y la época nacional y personal que me toca vivir. Mi existencia transcurre entre mi angustia y la convicción del arraigo que es como el alfiler que uno se pone en una camisa cuando se ha perdido un botón y no se tiene a mano hilo y aguja.

Maximiliano y Carlota no pudieron intuir en su infancia que la vida les deparaba la corona de México. Tras los hechos que los colocaron en tan extraña circunstancia subyacía la ambición de Napoleón III, su incontenible ansia de expandir su imperio con espacios en la ya emancipada América.

Benito Juárez era un liberal, un ser reposado y profundo, indígena de Oaxaca, dato nada irrelevante a la hora del análisis. En su carácter de presidente, había declarado nula la deuda externa. Ello irritó a las tres potencias acreedoras: Inglaterra, Francia y España. Los tres países firmaron entonces el "pacto de Londres", acuerdo según el cual un ejército plurinacional forzaría a México a cancelar la deuda. España e Inglaterra habían concertado obtener el control de las lucrativas aduanas mexicanas para hacerse de su dinero. Napoleón III vio la oportunidad para crecer en territorio. Así las cosas, Francia inició las actividades bélicas.

En Europa, poderosos mexicanos conservadores consideraban que la vuelta a un sistema monárquico resultaría bueno para México. Se dieron entonces a la tarea de buscar un príncipe de prestigio para ocupar el trono. Eugenia de Montijo, esposa de Napoleón III, promovió a Maximiliano, archiduque de Austria y hermano del emperador Francisco José.

Maximiliano era hombre apacible, bien educado, culto, de pensamiento liberal. Nacido noble en Schönbrunn el 6 de julio de 1832, para el momento de su designación para posta en México contaba 31 años. Marino de carrera, había viajado por toda Europa y el norte de África y navegado hasta Brasil y en esos viajes había quedado prendado del nuevo mundo. Como embajador en Francia, había adquirido conocimientos del arte de la diplomacia. En un viaje a Bruselas, conoció a Carlota, hija de Leopoldo I. Ella tenía apenas 17 años. Eso no lo detuvo para solicitar su mano.

En 1857 Maximiliano era gobernador de Lombardo Veneto. Le agradaba su posición y la desempeñaba bien; ni por la mente se le cruzaba ser otra cosa. Si bien no ansiaba reinar, seis años más tarde su amada Carlota lo persuadió de aceptar la corona que se le ofrecía para reinar en una de las naciones más importantes de América.: México. Maximiliano aceptó bajo una premisa: que la petición fuere expresa y por escrito. A cambio, renunció a aspirar a la corona de Austria y suscribió el tratado de Miramar con

Napoleón III, un pacto en el cual éste se comprometía en proveerle un ejército bien pertrechado de unos 20 mil hombres. Maximiliano se obligaba a cancelar la deuda que México había contraído con Francia y que había sido desconocida. Debía además cubrir los expendios vinculados a la guerra en los que había incurrido Francia.

Maximiliano y Carlota arribaron a México en plena primavera, el 28 de mayo de 1864. Los conservadores dominaban buena parte del territorio y el interinato estaba a cargo de una junta regente. De inmediato Maximiliano fue coronado. Designó en cargos claves de su gobierno a liberales moderados. Eso le costó caro. La oposición de los jerarcas de la iglesia y de las cúpulas conservadoras no se hizo esperar. Maximiliano ignoró a unos y otros y allí comenzó a gestarse una soterrada desavenencia. Los problemas no acabaron allí. El intrigante Bazaine, en comando de las tropas francesas, criticó su manejo de las finanzas públicas. El Emperador se percató que el comandante nada haría para aplacar los aires de rebelión.

Maximiliano pensó sinceramente que Juárez estaba vencido y quiso conciliar. Pero

Balzaine dictaminó que quienes no se rindieran incondicionalmente serían perseguidos, aprehendidos y condenados a muerte. Tamaña ofensa dinamitó las conversaciones y a Juárez le resultó imposible concertar la paz. En diciembre de 1866, un Maximiliano angustiado vio cómo las tropas francesas embarcaban rumbo a Europa. Quedó solo y el pacto de Miramar se volvió papel mojado.

Juárez se recuperó y comenzó a avanzar. Maximiliano quiso renunciar al trono pero Carlota se opuso y viajó a Francia para procurar de Napoleón un nuevo apoyo. Cuando éste se negó, Carlota quiso obtener la buena pro del papa pero, usando subterfugios, los franceses la habían declarado legalmente loca. Con semejante sentencia, fue enclaustrada en el castillo de Bouchot, sin contacto alguno con el mundo exterior.

Con los pocos apoyos que le restaban, Maximiliano organizó un ejército. Pero Mariano Escobedo mandaba en el norte, Porfirio Díaz estaba sólido en el sur y Corona controlaba las zonas del oeste. Maximiliano se fue a la villa de Querétaro. Escobedo sitió la ciudad y lo capturó. Un consejo de guerra lo condenó a muerte y su vida acabó el 19 de junio de 1867 frente a un pelotón de fusilamiento en el Cerro de las Campanas. Meses después sus restos fueron llevados a Austria y sepultados cristianamente en el panteón de los Capuchinos. Nunca se reunió con Juárez, prominente baluarte de la historia mexicana, quien fue visto por años como un fracasado. Maximiliano fue Emperador en México apenas tres años y poco. A ambos, a Maximiliano y a Juárez, hoy se les reconoce méritos y logros.

Magdalena

(Extracto de mi cuento "El mango azul", incluido en el libro "Mango" de Armando y Rafael Belloso)

Magdalena era hermosa y estaba en la flor de la juventud. Tenía un brevísima cintura y una piel que recordaba la de los duraznos. Su cabellera broncínea caía como cascada sobre sus hombros. Dicen que su voz de ensueño seducía nomás escucharla. La llamaban "La Bella". Era una mantuana, de esas inconfundibles, hija de uno de los más acaudalados hombres de aquella ciudad de San Sebastián de los Reyes.

Tenía unas manos prodigiosas para la repostería. Descendiente de vascos, su cocina era espacio de sus sueños de muchacha. Sueños de cuentos de hadas, de hidalgos príncipes, de noches de lunas y estrellas, de niños de risa cantarina correteando por patios en tardes de suave brisa.

Como cada sábado, aquel día Magdalena preparó sus Buñuelos de Viento, un dulce tradicional allá en la Donostia de sus ancestros. Ponía en un cazo medio litro de leche y un vaso pequeño de agua. Le añadía una corteza de limón y una pizca de sal. Lo llevaba al fuego y cuando entraba en hervor, agregaba media taza de harina, de golpe y con el fuego bajo, y removía con una cuchara de madera. Cuando la mezcla se separaba de las paredes del cazo, lo retiraba para que se entibiara. Entonces añadía cinco huevos batidos y removía sin parar. Con la masa tersa, con una cuchara de palo tomaba la medida y formaba los buñuelos y los freía en aceite hirviente, hasta que doraban. Entonces los retiraba y los colocaba sobre una tela blanca. Cuando ya se le habían secado les espolvoreaba con una mezcla de azúcar y canela.

Al día siguiente fue a entregar los dulces. Al cura le dijo que no le había alcanzado para la cantidad de costumbre.

- Se me acabó el azúcar, padre" - le dijo con vergüenza.
- No importa, lo que Dios agradece es el gesto - respondió el sacerdote mientras extendía la cesta al monaguillo.

Cuentan que nada más verla, él se prometió conquistarla. Comenzó por mandarle azúcar y canela, para sus buñuelos. Le siguió un velo de encaje. Y así por quince días cada tarde ella recibía un regalo. Los domingos en la mañana se apostaba frente a la iglesia para saludarla. Vestía su único traje y un sombrero de tela y se inclinaba en reverencia. Cuando Magdalena le sonrió de vuelta, pensó que el trabajo estaba hecho.

Antes que el padre supiera lo que estaba ocurriendo por boca de los maledicentes de San Sebastián de los Reyes, la tata fue a contárselo.

- La niña, don Domingo, corre peligro. Ese hombre la quiere perjudicar - le dijo aquella tarde calurosa cuando le llevó un guarapo para aliviar la sed.
- ¿De qué hablas, mujer? ¿Quién quiere hacerle daño a mi Magdalena? - respondió el hombre con una voz ronca que no escondía su preocupación.
- Ese hombre no es bueno. Dicen que hizo pactos con el mismísimo Belcebú.

Que aquel hombre tuviere el oficio de pulpero era lo de menos. Lo de más era que contara con prontuario de cárcel. Un ex presidiario no podía osar pretender a La Bella.

Para cuando don Domingo lo supo, el daño estaba hecho. El hombre había seducido a Magdalena. Pero el padre hizo pesar su poder y acabó con aquel romance con tan indigno personaje. Prohibió su cercanía a la casona y determinó que si no se alejaba lo mandaría a poner preso. La niña lloró y lloró, pero don Domingo dio el asunto por terminado.

- Ya se le pasará. Le buscaré un buen marido, alguien a su altura - sentenció.

La guerra se impuso sobre todo y sobre todos y depararía muchos sinsabores. Cuando en San Sebastián de los Reyes se supo que se acercaban los tropas con estandarte realista, se inició la huida. Gentes de todas clases y linajes protagonizaban uno de los más dantescos párrafos de la historia: la emigración a Oriente. No había de otra. O escapaban con lo que pudieren cargar o serían víctimas de los soldados. Detrás de la multitud que huía, las huestes de Boves. Dicen que más que en guerra, andaban de cacería.

Entre la gentarada que escapaba en carreta, caballos, mulas y a pie estaban Magdalena, su tata y el padre. A pesar de la ropa harapienta que marcaba los pasos de la tragedia, Magdalena seguía siendo La Bella. La comida escaseaba. Los macilentos rostros denotaban su nueva condición social: la de fugitivos.

Aquella noche de luna llena se internaron en el monte. Se decía que las huestes de Boves les pisaban los talones. Aquella luna era un candil sobre ellos, poniéndolos en aún más peligro. Acostaron a los viejos. Las madres se pegaron los niños a sus pechos casi secos para adormilar el hambre. Magdalena había cedido su ración de comida a unos niños. Su vientre se retorcía con el dolor del vacío. El cansancio la venció y se quedó dormida bajo un mata de mango. La despertó el ruido de caballos. Un miedo punzante penetró su corazón. Cuando lo vio

sintió que un ángel había bajado del cielo. Distinguió su uniforme patriota.
> - Calma. Somos amigos. Vinimos a protegeros - susurró el capitán. Magdalena sintió que el alma le volvía al cuerpo.
> - Hay que moverse. Están a pocas leguas. En silencio. Hay que internarse en la espesura - ordenó el joven oficial.

La diezmada escuadra de caballería acompañó a la extendida familia por lo que quedó de camino. Buscaban trecho seguro a oriente. Allí los patriotas habían armado un sitio para cobijar a los emigrantes. Hasta tan lejos debían intentar llegar.

Que el amor germine en tan harteras circunstancias es un milagro. El de Magdalena y el valiente capitán fue un cariño de los que iban quedando poquitos. La guerra devora todo, pisotea todo, destruye todo, pero siempre queda encendida una esperanza. Casaron en un capilla improvisada. Ella usó el velo de encaje de su madre y sobre su pecho el relicario familiar. El mejor adorno de él era el uniforme con porte de patria.

A Boves se le erizó el odio cuando entre la multitud vio al viejo que le había impedido casar con La Bella. Nada más atormentante e incontrolable que el rencor.

Cuentan que ordenó a un oficial apresar al viejo. Que la hija se arrodilló y con lagrimas en los ojos pidió clemencia. Cuentan que la tata la tomó por la cintura para que no viera lo que habría de ocurrir. El viejo fue guindado de una ceiba. Y Magdalena, preñada, fue obligada por la tata a refugiarse en una choza de un curandero. Aún hoy nada explica cómo pudo sobrevivir en tantos años de guerra.

En 1822, una Magdalena igualmente bella pero de ausente sonrisa camina por la calle principal de San Sebastián de los Reyes. De su mano, un niño descalzo, de cabellos enmarañados y ojos vivaces. Aquel pueblo otrora próspero es albergue de fantasmas. Las pocas casas que sobreviven muestran el paso del odio. Magdalena camina tambaleante pero con la cabeza erguida. Le han dicho que en la que fuera su casa hay un militar patriota. Dicen que espera a alguien, que no habla, que solo se sienta en el zaguán, pule su espada de héroe y espera. Cuando llega a la casona, una esperanza vestida de brisa fresca se levanta. Es 6 de enero, día de Reyes. Entonces lo vio. Vestido de uniforme. Supo que era él.

Un año después, suenan las campanas de la iglesia. Magdalena, con el vientre hinchado que anuncia buenaventura, reza y prepara buñuelos de viento. La tata la ayuda. En el patio, un niño corretea persiguiendo lagartijas. Y un hombre de remendado uniforme pule su espada. Es Día de Reyes y San Sebastián celebra sus 238 años. Ya hay patria. Ya hay república. Y Magdalena canta suspiros sobre un tal vez.

Lucía

Ni cuando nació y le palmearon las nalguitas lloró. Vino al mundo con encanto por la vida. Dicen que conocerla era dejarse embriagar de alegría. La hermosa bebé se convirtió en símbolo de felicidad en la caraqueñísima parroquia de La Pastora. Y desde chiquitica regaló una voz de ruiseñor.

Se llamaba Lucía. Su padre, marchante de zapatos, le decía "Caramelo". Aquella tarde de diciembre de 1956, en medio de la difícil situación política que vivía Venezuela, la niña de seis años jugaba con muñecas en el postigo de la casa de la abuela mientras la madre entregaba en la Iglesia de Santa Rosalía de Palermo los dulces para los monaguillos en la misa de gallo de Navidad.

Nadie supo cómo ni cuándo comenzó a formarse la borrasca. El cielo empezó a encapotarse y la tarde se hizo noche. La electricidad se cortó justo cuando la abuela escuchó el estruendo. Todo voló en mil pedazos. El corazón se le paró en seco. Segundos le tomó llegar desde el patio hasta el postigo. Cuando vio las muñecas tiradas en el suelo, desvió la mirada a la acera. Entonces la vio. El cuerpecito en el suelo, bañado en sangre.

El carro en el que viajaba un acérrimo opositor al régimen fue detectado por agentes de la Seguridad Nacional apostados en la esquina de la casa. Los esbirros le dispararon. Cuando una bala impactó en el tanque de gasolina del destartalado Ford, el automóvil explotó. Calcinados quedaron tres hombres, dos de ellos inocentes paseantes que nunca supieron que ese día se escribiría su certificado de defunción.

Llegó al Hospital Vargas con vida. Los médicos declararon que su única opción estaba en una cirugía de emergencia para evitar que se desangrara internamente. Tenía graves quemaduras. No sabían si aguantaría la operación.

A las cuatro horas, el médico dio el parte. La niña había tolerado el procedimiento. Estaba inconsciente. Necesitaban mantenerla sedada. "Hemos hecho todo lo posible. Ahora es cuestión de Dios", dijo antes de volver a los pabellones.

Padre, madre y abuela se turnaban en el hospital. En La Pastora se armaron círculos de rezos. Además, preparaban comida, les limpiaban la casa, regaban las matas y cada día en la puerta había flores y se apilaban estampitas religiosas. Una figura de la Divina Pastora fue colocada en el postigo.

De las quemaduras Lucía sanó. Las cicatrices eran perceptibles pero no desfigurantes. Estuvo dos meses hospitalizada. Pero la familia cayó en shock cuando supo que Lucía había quedado ciega.

Vida plena

Los especialistas explicaron que llevaría una vida plena si no se la trataba con lástima, si se le ofrecían las herramientas para conducirse en la oscuridad, si no se le excluía o diferenciaba. Así hicieron. La niña aprendió el Braille, en poco tiempo asistía a la escuela normal. Valida de sus manos y de un bastón, caminaba por todas partes. Un tío le obsequió un perro guía entrenado en los menesteres, Turrón, que se convirtió en el más leal compañero.

Es cierto aquello de "Dios aprieta pero no ahorca". Ni coloca sobre nuestros hombros más peso del que podamos soportar. A los 16, Lucía era la voz más prometedora del conservatorio de Caracas. Dejaba mudos a los profesores y en los conciertos la audiencia la aplaudía a rabiar. En la prensa se decía que solo el cielo sería su límite.

En plena democracia venezolana en 1963 - que no libre de turbulencias - Lucía recibió una beca para estudiar en Lucca, cuna del gran Puccini. Acompañada por su prima Ernestina y por Papelón, hijo de Turrón, llegó a la ciudad amurallada en mayo del 63. No podía verla, pero la miraba con los ojos del alma, que son con los que los seres humanos vemos la verdad. Su hospedaje había sido arreglado en la pensión de una familia vinculada al mundo del bel canto. Nomás entró a la habitación, sintió el aroma de las flores de lavanda. Recorrió el recinto y con su mano fue palpando los muebles de pulida madera, la cama con lencería de hilo; llegó a una ventana; una suave brisa primaveral le dio la bienvenida. Así la recibía la Toscana.

En 1965, Lucía fue invitada a cantar en un festival de arias en las plazas de Lucca para conmemorar el aniversario del nacimiento de Puccini. Nunca había podido actuar en una ópera pues su condición de invidente le dificultaba el movimiento en el escenario, pero su cuidada voz le permitía lucirse en piezas líricas solo reservadas a divas. Su coloratura era admirada por cantantes y maestros.

Le fascinaba Puccini. Había preparado las mejores arias femeninas de Tosca y Madame Butterfly y la excelsa Sí, *mi chiamano Mimi* de La Bohéme. No quería decepcionar al público. Aquella noche había celosos guardianes de la tradición operática. El escepticismo cundía a pesar de la buena crítica que precedía a la presentación de Lucía.

El restaurador

Hijo de venezolana y colombiano, nieto de italianos, Juan Carlos era restaurador y estaba en Lucca trabajando en la recuperación de la fachada del Palazzo Pfanner, magnífica pieza arquitectónica de 1660 cuya construcción fue ordenada por Moriconi, patricio de los mercaderes de Lucca.

Juan Carlos se sentó en una de las sillas colocadas en la Piazza Napoleone. Era una noche fresca de verano. Lo peor que podría pasar sería escuchar los desafinados de una cantante con vanas aspiraciones a diva. Amargado como era desde haber quedado cojo en un arrollamiento por la criminal impericia de un borracho en Bogotá, era hombre de malas pulgas y pocos amigos. Vivir en Lucca le había permitido zafarse de la manía colombiana de celebrar todo, de las reuniones familiares cargadas de cuentos repetidos, del empalagamiento de las tías.

La escuchó y pensó que alguien cantaba y ella doblaba. Con la arrogancia de quien siente que ha detectado una trampa y sueña con destaparla, soportó el concierto. Se retiró nada más presintió el final. Caminó entre las callejuelas masticando paradoja. Excelente concierto, maravillosa voz, imperdonable farsa.

Al día siguiente no se hablaba sino de la *ragazza*. La prensa aplaudía el concierto. En el trabajo indagó dónde estudiaba. Le dijeron que cada tarde paseaba por los jardines del conservatorio. Se prometió ir a emplazarla. En la tarde la vio, sentada. No entonaba piezas de la lírica, canturreaba un bambuco.

Cuando se le acercó con ánimo retador, sintió pena de sí mismo. No sabía que era ciega. Huyó de la escena con el alma sumida en vergüenza. Todo el verano la fisgoneó a distancia. Se fue enamorando de a poquito. Un día se armó de valor y la abordó.

- Canta usted muy hermoso - le dijo.
- Ah, colombiano. Vienes todos los días. A la misma hora. Y me espías - respondió ella. - Al fin te atreviste a hablarme. ¿Tendrás el coraje para invitarme un café?

Se enamoraron sin espacio a la duda. El se desvistió el alma de prejuicios. Ella le enseñó a no despreciar. Casaron en el otoño, en una capilla en Viareggio. En Navidad fueron a Venezuela. Ella cantó en La Pastora. El país había que recorrerlo. Por una semana deambularon por pueblos. Un día se detuvieron en una plaza aragüeña para beber guarapo de caña. Entonces, él vio la fachada de una casona abandonada. Aquella era un joya. Estaba en venta.

Entraron. En el patio, flores perfumaban el aire. La recuperación de la casona para llevarla a su esplendor original les tomó dos años. Y entonces se convirtió en el lugar para los meses del invierno europeo.

Y Lucía, en la humilde iglesia del pueblo, cantó sus mejores piezas.

Asunción

En la isla de Margarita en Venezuela, y en particular en la zona de los pueblos, el ambiente está desprovisto de rabia. No es que uno no se ponga bravo nunca, que pasa, que es inevitable, como en toda Venezuela. Pero es como si el mar, en su ir y venir constante, nos susurrará en el oído que todo pasa, que el secreto de la vida está en la perseverancia y la paciencia. En todo. Pero sobre todo en las relaciones humanas.

Aquí, en esta hermosa isla, en uno de sus tantos pueblos costeros, un cuento me fue transmitido por uno de esos viejitos que en las tardes se sientan en el portón de las casonas a agarrar el fresco, mientras beben un agüita de coco o de alguna fruta de estación.

Le comento al anciano de mirada profunda y piel craquelada por años de tanto sol que la iglesia es hermosa, que debe guardar muchas bonitas historias de amor.

- Allí se casó Asunción. La llamaban la bonita. Mi abuela decía que no hubo hombre de por aquí que no se enamorara perdidamente de ella.

Le escuchó y notó en su voz un dejo de pesadumbre, como preludio de algún dolor que contendrá su narración.
- Era linda. Todas las tardes se sentaba en la puerta de su casa en su puesto de empanadas. Las preparaba con amor, con ese orgullo que sienten las mujeres de por aquí cuando amasan la harina, la estiran finita, la rellenan y la fríen en el acuerdo hirviente de sus pailas - me relataba el hombre. - El franchute llegó a la isla a hacer algo de investigación en la mar. Aquellos eran tiempos distintos. No habían llegado los turistas. Todo era más tranquilo. El hombre era rubio y tenía los ojos como dos cuentas azules. Se enamoró de Asunción nomás la vio. Claro, era linda, la más linda de por estos lados. Cada tarde iba a comer de sus empanadas. Las mejores eran las de cazón. El catire le llevaba flores. Y conversaban largo y sabroso. Pero la tragedia pasó cuando un primo que la

pretendía y que se había ido a Cumaná por un año regresó y supo lo que estaba pasando. Jesús se llamaba, pero si existe el infierno, es allí a donde fue a parar.

El viejo toma un sorbo de su agua de coco y me apunta:
- Asunción hizo todo lo posible para hacer entender a Jesús que ella lo quería, como un hermano, pero que nunca lo amaría como hombre. Le presentó amigas y le pidió a los hermanos que hablarán con él para hacerle entrar en razón. De nada sirvió todo intento. Jesús cada tarde se metía en los botiquines y allí se dedicaba a beber sin mesura. Borracho amanecía en los lupanares y de nada servía la atención de meretrices - el viejo me da detalles en su narración.
- Un día Jesús se fue a tierra firme y allí consiguió trabajo en un barco mercante. Y pasó un año lejos de la isla. Asunción y el franchute progresaron en su amistad, que se convirtió en noviazgo, y en breve en compromiso de

matrimonio. El casorio fue fijado para el día de la Asunción - me dice con tristeza - las viejas cuentan que la tarde estaba azul. En el cielo no se veía ni una nube. Del brazo de su padre, Asunción entró en la iglesia. La habían decorado con multicolores trinitarias. La novia estaba preciosa con su traje de prístino blanco y cuando el franchute la vio no pudo disimular la sonrisa. Dios y Margarita le habían regalado una felicidad que no cabía calificar sino de insuperable.

Notó la seca angustia en la voz de arena del viejo. Como si lo que me está contando estuviera ocurriendo en ese preciso momento.
- Todos los asistentes creyeron que se trataba de un petardo estallado por la muchachada que jugaba en la plaza. Les tomó largos segundos o quizás minutos entender lo que había ocurrido. Asunción cayó al suelo y su blanco vestido y el piso se tiñeron de rojo. En el último banco de la nave central, Jesús, con la pistola asesina aún en la mano temblorosa.

Hace un alto, como si tuviera que recuperar el aire.
- El velorio duró los tres días que antaño mandaba la tradición. Estuvo cargado de llantos y silencios. Los rosarios se rezaron calladamente. Y llovió cada día, cada tarde y cada noche. La enterraron sin que nadie pronunciara palabra, ni tan siquiera el cura. El franchute no abrió la boca y solo se escuchaban sus desconsolados sollozos.

El viejo hace un gesto de levantar los hombros, como en lamento.
- A Jesús lo llevaron preso, lo juzgaron y sentenciaron a la pena máxima. En la cárcel se ahorcó.

La historia me pareció tan y tan triste que en la noche miré hacia el cielo enmantillado de Margarita tratando de encontrar algo en él que sirviera para sedar el pesar que se me había instalado entre pecho y espalda. Una estrella luminosa y el rumor del mar me trajeron la respuesta. Seguramente Asunción hubiera sido muy feliz y hubiera hecho muy feliz al franchute y a los hijos y nietos que hubieran tenido. Pero los pecados del odio, la rabia y la envidia pudieron más que el amor.

Corren tiempos dolorosos en nuestra Venezuela. He leído relatos aberrantes y he sido testigo de escenas que me sobrecogen. No es cierto que siempre hemos sido un pueblo cariñoso y amante de la paz. Por el contrario, nuestra historia pre y post republicana está teñida de sangre. Nos hemos odiado con ferocidad y nos hemos hecho mucho daño. Las temporadas de sana convivencia han sido escasas. Casi la excepción que ha confirmado la regla. Nos hemos dejado llevar por las bajas pasiones y las perversas intrigas han conducido nuestros pasos. Con liviandad pronunciamos insultos que no hacen sino degradarnos como seres humanos. Algunos piensan que incordiar es de valientes. Yo creo que es más bien de cobardes.

Poco importa si las razones que nos inspiran el odio sean válidas. Termina pesando más la consecuencia que el origen. Y entramos en una dinámica repulsiva en la que ya perdemos toda posibilidad de control sobre nuestros pensamientos y acciones y nos convertimos en barbáricos títeres de los salvajes directores de una terrible puesta en escena.

Seguramente Asunción, de haber sobrevivido, hubiera perdonado a Jesús. No hubiera caído en el juego del odio. Y seguramente también ella intercedió ante Dios por la salvación de su alma.

Venezuela tiene muchos problemas. Pero también tiene todas las soluciones. Mi indeclinable realismo me hace presentir que la oscuridad no es eterna. Pero hay que estar dispuestos a caminar para salir del túnel. Del llanto solo nos quedarán las arrugas.

Desde el balcón de mi pequeñita casa veo el mar. El mar que viene y que va, sin pausa. El me enseña a seguir adelante. A no claudicar. Es mi país, mi tierra. Es la nación que fundaron mis ancestros. Venezuela es mucho más que una canción, o una bandera o un escudo. Es muchísimo más que una patria.

Yo me dejo contagiar por los buenos sentimientos. Y trató de cerrarle el paso a todo lo malo que se me cuela en la vida. Es cada vez más difícil. Vaya si cuesta ver con buenos ojos a quienes tanto daño nos hacen. Sé que, como todos, he sucumbido ante la tentación perversa de la rabia. He dicho cosas desagradables y caído en el terrible expediente del insulto. Drené mal. Pero hago un alto y pienso. Pienso que tengo que descartar la ira y la tristeza. Porque no me sirven, porque me asfixian, porque por mucho que escarbo no les encuentro sentido. Soy una ciudadana de mi historia. Dueña de mis decisiones, responsable de mis actos y soberana de mis pequeños espacios. Y transito por mi país hurgando en sus narraciones. Porque allí creo que está la respuesta a muchas preguntas.

Nadie me va a callar, nadie me domesticará. Solo soy eslava de mi libertad, pero entiendo muy bien que no es más libre quien menos se compromete. Y nadie logrará que yo privilegie el odiar por encima del amar. Así que a los que me insultan les digo: no pierdan su tiempo. Yo tengo la piel curtida.

La tarde está azul en Margarita. Y yo pienso en la dulce Asunción.

Contemplación

En la penumbra de las eternas madrugadas de sus vidas en los conventos, las monjitas se ajetrean en la preparación de delicias. Muchas son para vender y así hacerse de un modesto ingreso; otras, para comunicarse con los visitantes con quienes el voto de silencio no les permite cruzar palabra; las más son para apaciguar el hambre en los orfanatos o aliviar el pesar en los hospicios.

En el mundo entero, una pléyade de ángeles cocinan. Se refugian en conventos donde transcurre en mansedumbre su existencia de hábitos y rosarios. Sus recetas adornan la historia culinaria, haciéndola una de rezos y letanías que se expresan en sabores que cobijan la voz de Dios.

Me he dedicado en estos tiempos sombríos que nos han tocado vivir a curucutear en el arte de la "cocina de convento". Con ello he procurado un escape sutil del rigor y la aridez continuos en que se ha convertido mi oficio de periodista de opinión, en el cual me ha tocado elevar gritos de alerta ante los desmanes que ocurren en mi país y en otros tantos, a los cuales hombres pérfidos han convertido en agrios ejemplos del no deber ser.

En mi búsqueda he confirmado que las monjitas siempre incluyen en sus recetas algún propósito: un ruego por los enfermos, por los desvalidos, por los huérfanos, por los extraviados, por los carentes de fe. Las monjas, en lo que ocupa a las mesas, rezan y cocinan, rezan y amasan, rezan y cuecen guisos, rezan y baten claras, rezan y hornean. Cocinar es su plegaria, una oración dulce y extasiada. Doquiera que haya un convento cristiano, las monjitas se abocan a alguna tarea culinaria. Mientras cocinan, buscan ofrendar a los fieles una esperanza perdida en los recovecos de un mundo que tristemente cada vez reza menos. Hay monjas que son de clausura, pero que no han hecho voto de silencio y así pueden narrar sus quehaceres en los fogones. Ello ha permitido a algunos autores verter ese conocimiento en libros en lo cuales la fe se mezcla, a partes iguales, con la mundanidad.

Muchas recetas se han pasado de generación en generación. Han logrado que en esos sabores y aromas esté el suave aliento del

Hijo de Dios. Es el caso de la historia de un dulce que descubrí cuando me hallaba en pleno quehacer de escribir una novela. En ese entonces conocí apenas la mitad de la historia. Me faltaba lo que descubrí en Chile. Aquí les dejo la historia completa, para quien quiera intentar dejar imbuirse el alma del buen espíritu de la cocina de monjas.

En Caracas, en tiempos de la guerra emancipadora, una religiosa preparaba un dulce. Lo había aprendido del aya de una criolla caraqueña, la negra Contemplación. Cuentan que quien lo comía sentía que sus calamidades entraban en reposos y serenidad. Que a pesar de lo cruel de su angustia, encontraría el respiro de la paz.

Su secreto no estaba en la receta; estaba más bien en las horas. La monja, como lo hiciera Contemplación, lo preparaba en la madrugada, antes del cantar de los gallos, cuando los cocuyos eran los únicos despiertos, dedicados al arte de amar. En el silencio de la noche, en la cocina, a la luz de velas y sin emitir sonido alguno, preparaba el dulce. Su "bienmesabe" era medicina para el alma. Tomaba tres cocos grandes, los partía y les sacaba la pulpa. Esto lo ponía en un cazo y le añadía dos tazas de agua caliente. Con un mazo iba triturando la carne blanca. Entonces, lo pasaba por un paño, para extraerle la leche al coco. Le agregaba dieciocho amarillos de postura de gallina y un puntico de sal.

Luego, en una olla, juntaba tres tazas y media de azúcar con una de agua y lo llevaba al fuego, fuerte, muy fuerte, sin revolver, hasta lograr un almíbar a punto de hilo. Luego retiraba la olla del fuego, le agregaba la mezcla de carne de coco y yemas y lo batía hasta lograr una crema. Esto lo llevaba de nuevo al fogón y lo iba revolviendo lentamente, muy lentamente, hasta reventar el hervor. Entonces lo retiraba de la candela y lo dejaba enfriar y serenar. Tomaba entonces un bizcocho que siempre tenía en la alacena y lo picaba en rebanadas finas. En un cuenco, colocaba las rebanadas y las bañaba con medio vaso de un jerez dulce. A seguir, una capa de la crema. Y luego generoso merengue preparado con tres claras de huevo, media taza de azúcar y una pizca de canela, batido todo a punto de nieve.

Cada madrugada preparaba tres bienmesabes: uno para llevar al otro convento, otro para dejar en la Plaza frente al portón de la

Catedral para los mendigos y un tercero para la merienda de las monjas del convento. El mismo bienmesabe, sin diferencias. Porque todos somos igualmente hijos de Dios. Así lo había hecho Contemplación. Así lo hacía la religiosa. Se habían traspasado de una a otra la receta y la fe.

Por esas maravillosas aventuras del destino, Contemplación, habiendo de huir de Venezuela, se embarcó en un navío que arribó finalmente al puerto de Valparaíso. Allá, el aya, sumida en el dolor de la nostalgia, lo preparaba para suspirar recuerdos, para poner a dormitar su llanto. Una tarde de vientos que hacían volar los sombreros, una dama porteña lo probó y se extasió con el manjar. Lo pidió para llevar a su casa y empezó a servirlo a sus amistades en la "once", que es como se llama la merienda en Chile. Le dieron varias cuencos cargados con el dulce. Ya en Santiago, envió uno al convento de las Carmelitas descalzas, con una nota en la que se leía: "esto tiene sabor a salvación". En la nota se leía también la receta. Las religiosas comenzaron a prepararlo y a venderlo para favorecer al hospicio de San Juan de Dios. Una doña santiaguina supo de aquello y encargó un cuenco para obsequiarlo en la once en su casa de veraneo en las afueras de la ciudad.

A aquella merienda acudió un hombre venido de tierras lejanas a quien le fue ofrecido el sugestivo "manto de ángeles", como lo había rebautizado la doña a quien quizás el nombre "bienmesabe" se le antojó un tanto rústico. El hombre lo probó y de sus ojos brotó una lágrima. Ese hombre era don Andrés Bello, venezolano ilustre que en 1829 emigró a Chile donde sembró ideas, publicó la mejor gramática americana del idioma castellano y creó los fundamentos para el sistema educacional chileno. No sé si esto es cierto, pero así me lo narró un señor que pasa sus horas de anciano curtido de historia en las plazas del centro de Santiago, rodeado de varios perros de esos que la ciudad ha adoptado.

Hoy, en Chile y en Venezuela, en las mesas se sirve el dulce suntuoso para que 'bien sepa en la boca'. En ambos países los dulceros se adjudican la paternidad y lo llaman "criollo". De las manos de una negra pasó a los conventos, navegó la mar y de allí encontró destino y asiento en las calles, para sumarse a cientos de recetas que ponen en lugar cierto y cálido a la fe.

En Chile abundan los conventos. En los meses que viví en Santiago, a ellos acudí a rezar, a pedir por la extraviada paz, a elevar mis plegarias por mi tan amado país y a escuchar las voces populares para ver qué más cuentos podía desempolvar en ese país sureño con el cual nos unen muchos más lazos que los que suponemos chilenos y venezolanos. Viví en Chile temporalmente. Seis meses de aprendizaje. Este país me recibió con los brazos abiertos. Fui tratada con dulce gentileza. A pesar de que una visa estampada en mi pasaporte lo marcara, no fui turista ni emigrante. Habité en dos naciones. Asunto difícil, pero posible. Quizás se debió a encontrar cada tarde la dulce caricia de un bienmesabe.

Miguel, Manuel y Federico

El 29 de julio de 1811, el cura Miguel Hidalgo y Costilla, Padre de la Patria de México y autor del famoso Grito de Dolores, estaba preso en Chihuahua acusado de graves delitos contra la Corona y contra Dios. Ese día es informado que al despuntar la mañana del día siguiente será fusilado. En la madrugada, como gesto de agradecimiento a las atenciones recibidas por parte de su custodio, el cabo Miguel Ortega, toma un trozo de carbón y escribe sobre las paredes del calabozo unos versos. A él le pide que le consiga dulces y le paga con un rosario. De camino al paredón, uno a uno fue obsequiando con torrejas a los soldados que habrían de disparar sus fusiles para cumplir la penosa sentencia. Al hacerlo les otorga el perdón y les indica que apunten a la mano derecha sobre su pecho. "Será, hijos míos, el blanco seguro al que habéis de dirigiros". Obligado a sentarse en una silla, rechaza la venda para cubrir los ojos y rehúsa dar la espalda al pelotón. Su muerte no ocurre en la primera andanada de fuego. Una y otra vez los soldados fallaron, no se sabe si adrede. Hubo entonces varias descargas. Trece balazos penetraron su cuerpo y solo uno, el de gracia, acaba con su vida.

Ante semejante muestra de valor, que ponía en aprietos a sus asesinos pintándolos de débiles frente a la actitud de un hombre que fue corajudo hasta el final, a un comandante de nombre Salcedo le fueron ofrecidos veinte pesos para que, valido de un machete, cercenare la cabeza de Hidalgo y la colocare en una lanza para que se pudriese frente a los ojos de la población. Así ocurrió.

La cabeza del cura Hidalgo, todavía ensartada en la misma lanza, fue trasladada a Guanajuato para exhibirla en una jaula de hierro pendiente de uno de los ángulos de la Alhóndiga de Granaditas. La acompañaban otras tres, las de Allende, Aldama y Jiménez. Allí, mostradas como feroz recordatorio a la población de la sentencia que se impondría sobre cualquier alzado, se mantuvieron las tres cabezas por casi diez años, hasta marzo de 1821. El cuerpo sin cabeza de Hidalgo recibió sepultura en Chihuahua en los espacios de la Tercera Orden de San Francisco. Los versos que escribiera el cura en la pared de su prisión rezan así:

> *Ortega, tu crianza fina*
> *tu índole y estilo amable*
> *siempre te harán apreciable*
> *aun con la gente peregrina.*
> *Tiene protección divina*

> *la piedad que has ejercido*
> *con un pobre desvalido*
> *que mañana va a morir*
> *y no puede retribuir*
> *ningún favor recibido.*
> *Das consuelo al desvalido*
> *en cuanto te es permitido*
> *partes el postre con él*
> *y agradecido Miguel*
> *te da las gracias rendido.*

Hoy los dulces que obsequio Hidalgo se conocen como "torrejas del cura".

Mazapán del perdón

En la historia venezolana consta un fusilamiento que manchó con colores de indignidad nuestra gesta libertaria, el del general patriota Manuel Piar. Aquel fue un acontecimiento aciago y doloroso, toda vez que ocurrió como sentencia refrendada por nada menos que el mismo Simón Bolívar. A Piar, patriota de muchos logros y honrosos servicios a la causa de la emancipación, lo acusaron de sedición y traición. Seguido un juicio en el que fue hallado culpable, se le dicta condena de muerte en el año de 1817. Hasta hoy a los venezolanos no se nos quita una inmensa pena por esto. No conseguimos dar con una explicación plausible a este asunto que destrozó los corazones de la gente de la época y que aún hoy escuece nuestra alma venezolana. Algunos historiadores y politólogos justifican la cuestión alegando que Bolívar se vio forzado a hacerlo para poner orden. Pero eso no nos alcanza para dejar de sentir que lo ocurrido fue evitable.

Cuentan que luego de pasado el trance, unas mujeres de la villa de Angostura se colocaron velos negros sobre sus cabezas y acudieron a la iglesia. Que allí comenzaron a rezar el "Yo pecador". Mientras lo hacían iban entregando a los pasantes pedazos de mazapán de merey, un dulce que comían por igual gentes de todas las clases y que, al parecer, era el preferido del general Piar. Acaso con tal gesto esas mujeres también buscaban aliviar las heridas de un pueblo que lloraba a su general fusilado. Quizás con ello buscaban también hallar dentro de sus espíritus un espacio para el perdón.

Roscos de la culpa

Tras una denuncia anónima - o de la que al menos nunca se reveló el nombre del autor - el 16 de agosto de 1936 Lorca fue detenido en la casa de uno de sus amigos, el poeta Luis Rosales. Llevado a la comisaría, de manos atadas, Lorca fue acompañado por Rosales a quien, según dicen, le fue prometido por las autoridades que, de no hallarse denuncia en su contra, Lorca sería puesto en libertad tan pronto despuntara el alba. Se sabe que la ejecución fue ordenada por el gobernador civil de Granada, José Valdés Guzmán, quien había exigido al ex diputado Ramón Ruiz Alonso la detención del poeta.

Lorca fue vil y cobardemente ejecutado en el camino que va de Viznar a Alfácar. Durante años se aseguró que su cuerpo yacía enterrado en una fosa común anónima en algún espacio indeterminado de esos parajes, junto con los restos de un maestro nacional de nombre Dióscoro Galindo y de dos banderilleros, Francisco Galadí y Joaquín Arcollas. Los tres fueron ejecutados con Lorca. Esa fosa está en un paraje de Fuente Grande, en Alfácar en la provincia de Granada.

Algunos meses después, el 11 de marzo de 1937, el periódico Unidad de San Sebastián, publicó un texto rubricado por Luis Hurtado Álvarez, en el que se leía "A la España imperial le han asesinado su mejor poeta". El autor no volvió a escribir en el periódico.

En 2009, durante el gobierno de José Luis Rodríguez Zapatero, las cortes españoles aprobaron la llamada "Ley de la recuperación de la memoria histórica". Al abrigo de esa pieza de legislación, se hurgó en la fosa donde se suponía descansaban los restos del poeta. No fueron encontrados.

Cuentan que cada 19 de agosto, en ese lugar donde se dice se perpetró el asesinato de uno de los más grandes poetas de la lírica castellana y grande de la Humanidad, cuando cae la noche se escuchan adoloridos "cantejondos". Dicen que son los andaluces que lloran su profunda pena por el crimen impunemente cometido en 1936. Dicen también que, al clarear, quien transite la vía la encuentra adornada de flores y si se interna se topará con una estela de roscos fritos esparcidos entre los arbustos. Dicen que esos eran los dulces preferidos de Lorca y que son los descendientes de quienes mataron al adorado poeta quienes los colocan allí para pedir perdón y expiar las culpas de sus antecesores.

Tres tristes episodios. Tres dolores insondables e insuperables. Tres culpas que tienen en común dulces para el perdón. Hay una profunda enseñanza en estas tres historias. Los seres humanos no conseguimos aprender de nuestros errores y tendemos a repetirlos una y otra vez. Hemos sido protagonistas, víctimas o espectadores de acontecimientos de horrenda nomenclatura.

Quizás, solo quizás, en estas épocas en las que atravesamos turbulencias tan peligrosas, no podemos hallar en nuestros corazones el ánimo y la fortaleza para pedir u otorgar perdón. Estamos tan heridos, tan rabiosos, tan indignados por lo que ha ocurrido que no nos resta sino un enorme amasijo de resentimiento. Cuando todo esto tan horrendo que nos pasa pase, y pasará, necesitaremos mucho humanismo, necesitaremos ser mejores. No recuerdo cuándo ni dónde leí alguna vez que el perdón es el agua que extermina los incendios del alma.

Juanita

Lo que ocurrió lo cuentan los pregoneros del centro de Santiago, juglares maravillosos que con su lenguaje de aceras de canto mantienen vivos y con gracia los registros informales de la historia. Es tan lindo y curioso este cuento que quiero compartirlo.

En 1888, don Eusebio Lillo Robles, para la época ya laureado poeta y periodista chileno, fue convidado a re-escribir la letra de la "Canción Nacional" de Chile, que compuesta por Bernardo de Vera y Pintado en 1819, a solicitud de Bernardo O'Higgins, libertador de Chile, como un elemento fundamental para la república recién parida. En 1847 Lillo había sido encomendado de hacer cambios a la canción original, pues pasados los primeros años, reconocida la independencia del país y establecida la relación formal entre la república chilena y el Reino de España, aquella canción requería transformación para evitar cualquier distanciamiento entre la una y el otro. Cualquier vestigio ofensivo debía ser evitado si ambas naciones deseaban que el futuro se les pintara bonito. Así, en esa primera oportunidad - en 1847 - de la oficina de la presidencia chilena Lillo recibió el encargo de realizar los cambios para responder a las nuevas realidades. Lillo no era hombre fácil; se le conocía por su temperamento a la vez ligero y liberal.

En 1888, conociendo que el asunto de arreglar la letra de la canción nacional resultaría tan espinoso y controversial que suscitaría enconado debate en todas las esferas (ya le había costado atravesar ese temporal de pasiones patrias y Lillo temía un segundo capítulo de discusión), el poeta declinó la invitación. Ante la creciente insistencia y sintiendo que ninguna de sus excusas sería aceptada, decidió emprender viaje a Europa junto con su familia. Quería disfrutar de una estancia prolongada en el viejo continente y pensaba, además, que algún otro escritor sería convocado y con ello su negativa sería convenientemente pasada al olvido.

En ese viaje a los Lillo los acompañó Juanita Besaure, la nana criolla de gran importancia para todos los miembros de la familia. Juanita era "harto" querida, en especial por don Eusebio quien, admirador de sus naturales dotes culinarias, la inscribió en la muy famosa y reputada Academia Culinaria de Francia en París. Allí, la nana estudió con dedicación y afán y deslumbró por sus altas calificaciones y cualidades. Juanita se hizo del respeto de maestros y compañeros a pesar de no hablar al principio ni una palabra de francés.

Ocurría que, como requisito indispensable para graduarse en la academia, cada alumno debía presentar una receta de su propia inspiración. En tiempos de comienzos republicanos la repostería chilena era escasa. De hecho, no fue sino hasta luego del arribo y la instalación de los inmigrantes alemanes en tierras del sur chileno cuando se desarrolló un portafolio que recuerda los bosques germanos, con piezas como los Kuchen, los Strudel y las tartas. Para la época de esta historia que narramos, en Chile había poca noción de repostería, así que Juanita nada sabía de la preparación de dulces. Acaso algún suspiro o un dulce de manjar. O unos churros para disfrutar con un chocolate en las tardes de invierno. Con particular esmero, Juanita hurgó en su creatividad y se abocó a pensar en algo que sorprendiera el exigente gusto de los profesores franceses. Así, preparó un dulce con base en almendras tostadas, huevos, azúcar y whisky. Dicen los pregoneros santiaguinos que, además de cumplir con las exigencias escolares para la obtención del diploma, Juanita buscaba presionar a su patrono para que aceptara re-escribir la letra de la pieza cantada como himno de todos los chilenos y que, con tal objetivo en mente, bautizó a su creación como "Dulce Patria".

En el Santiago de hoy día, un descendiente de la familia Lillo se dedica a la preparación y venta de este postre que suele adornar las mesas santiaguinas y de la provincia. El detalle de la preparación como tal es casi un secreto de estado. Los Lillo y sus descendientes preservaron la auténtica receta de doña Juanita; se la han ido transfiriendo de generación en generación, sin hacerla jamás de conocimiento publico y sin permitir que exista registro de la misma. Muchos reposteros han intentado, tanto en Chile como en Francia, recrear la delicia tal y como originalmente la preparara la nana de los Lillo. No han tenido éxito alguno. En Chile se presume que la receta original contiene un ingrediente secreto, incluso acaso de procedencia francesa, en el cual estribaría su diferenciación y maravilla. Eso se conoce hoy en algunos espacios populares alejados del rigor académico como "el secreto de Juanita".

Que se sepa, Juanita Besaure fue la primera nana chilena graduada en París. Lo hizo cuando además las mujeres eran vistas con cierto menosprecio en las escuelas culinarias y no pasaban de ser pinches. Al regreso de los Lillo a Chile, la nana - ya notable Chef - se convirtió en el ama de llaves de la casona ubicada en la esquina de la calle Chacamuco del muy histórico Barrio Yungay de Santiago, espacio que en la actualidad se encuentra en fase de recuperación e intervención y es paseo obligado para todos aquellos locales y visitantes que deseen caminar por calles donde la historia de Chile está tatuada en los adoquines.

Por cierto, fue don Eusebio Lillo el autor de la versión final - y actual - de la letra del himno nacional chileno. Todo pareciera indicar que la terquedad de Juanita venció a las justificaciones que argumentaba Lillo para negarse. Consta en un decreto supremo del Ministerio de Instrucción Pública, el número 3.482, de fecha 12 de agosto de 1909, el establecimiento de la segunda versión de la letra como la oficial del

Himno. En esa letra destaca en el primer verso del coro una frase: "Dulce Patria recibe los votos...". Tal frase por cierto no fue escrita por Lillo, pues forma parte del texto primigenio.

Este lindo relato contiene a una nana que conocía el arte de los fogones y que llegó a graduarse en la escuela culinaria más excelsa de París y a un poeta que intentó, inútilmente, esquivar el lío de re-escribir el himno nacional de su país. Quizás pensó don Eusebio que podría vencer la indeclinable insistencia de la nana. Pero no pudo. Lillo - quien fue discípulo en el Instituto Nacional de Santiago de uno de los mas cultos venezolanos, don Andrés Bello - falleció en 1910, cuando Chile festejaba el primer centenario de su independencia.

Una linda y sencilla historia de este insólito continente nuestro que nunca deja de asombrarnos.

Epifanía y Victoria

Pocos asuntos me despiertan tanta fascinación como la historia menuda, esa que se escribe con palabras de calle y que respiramos en las retinas de las personas. En San Telmo, en la ciudad de Buenos Aires, el paso de los años no ha conseguido derrumbar las leyendas de una mujer que, siendo un personaje de mucha monta en la historia argentina, fue allí en ese histórico barrio donde, según cuentan, vivió un episodio imposible de corroborar pero no por ello menos creíble.

Ella fue un mujer relevante. Acaso la más importante argentina del siglo XX. Su atractivo físico era notorio, pero su mayor trascendencia no estaba en su belleza sino en un temperamento que la hizo marcar todo a su paso. Fue, como era de esperarse, amada y odiada. Las mujeres como ella suelen generar sentimientos encontrados. Su vida fue intensa. Su alma pasional la hizo imborrable en la memoria porteña.

No. No me refiero en modo alguno a Eva Perón. Dios me libre de caer en el patético ejercicio de adorar como santa a una mujer que fue el epítome de la manipulación y el masaje populista. Que me perdonen quienes creen en las patrañas que se siguen utilizando para exprimir las emociones argentinas con la figura de Evita como modelo femenino a seguir. Evita no fue un personaje. Fue, tristemente, una mujer de carne y hueso cuyo daño a las causas sociales aún se siente, sobre todo en los años cuando Argentina padeció la presidencia de una imitadora de Evita, la señora Cristina Fernández quien, ayudada por cientos de miles de dólares en trajes de firma y de pinchazos de botox, sobó con indecencia las carencias de un pueblo que a pesar de todo sigue siendo ingenuo hasta morir y se deja camelar por todo tipo de seductores oportunistas. Vierto mis letras sobre Victoria Ocampo, una intelectual de verdadero lujo, escritora de letras notables, mujer inevitable.

Caminando por la avenida Libertador en Buenos Aires, en visita a un espacio donde hasta se puede sentir la presencia impresionante de ella, un señor de esos que sienten la necesidad de ser limpios y honrados, el jardinero que cuida de las plantas y flores, me contó lo que les narro a seguir.

Resulta que Victoria había luchado con denuedo para lograr el voto femenino en Argentina. Mujer de temple indomable, recorría las calles de San Telmo en procura de mujeres del pueblo llano que sumar a su causa. En una de esas búsquedas, se cruzó con una muchacha que bordaba sayas de seda en la ventana de una casona frente a la plaza donde se realiza cada domingo el rastrillo de peroles y antigüedades. A Victoria le llamó la atención la belleza serena de aquella joven y sus ojos que recordaban a las violetas. Se le acercó. Indagó su nombre, su edad. "Epifanía y tengo 18 años", respondió con suave voz. A Victoria no pudo menos que sorprenderle el nombre. De hecho, su verdadero nombre, conocido por pocos, era Ramona Victoria Epifanía. ¿Coincidencia? Victoria no creía en casualidades. "En la vida todo calza con algo por algo".

Aquella muchacha, humilde y seguramente iletrada, se convirtió para Victoria en la segura imagen de la mujer argentina que debía romper el yugo misógino que imperaba en su país. Visitándola cada tarde de aquella primavera y valiéndose de un libo de versos de Juana Inés de la Cruz, Victoria enseñó a la muchacha a dominar el arte de la lectura, todo ello a escondidas del padre a quien se le decía que la "señora viene a tomar lecciones de bordado fino". Cada tarde la muchacha recibía a Victoria con una taza de mate acompañado de alfajores, manjar que es magia de la gastronomía argentina y adorna la mesa de todos los hogares de esa nación, con independencia de linajes y alcurnias. Aquellos alfajores eran distintos, especiales. Algo los hacía sin iguales. Victoria los disfrutó aquella primavera. Se le deshacían en la boca impregnando su alma de una dulzura honesta y sincera.

Cuando Perón anunció que daría el voto a las mujeres, mandó a llamar a Victoria. Ella, auténtica y poco dada a aceptar lisonjas, declinó la invitación. "Un gobierno como éste no puede ser tan farsante".

Victoria había logrado su cometido. Epifanía había aprendido a leer y recitaba versos de las mejores plumas. El resto lo lograría por sí misma. Así lo pensó Victoria. Desconocía que saber de letras depararía a la muchacha un destino insólito.

Etiquetada la familia Ocampo por el peronismo como "aristocrática y burguesa",

Victoria, divorciada, y su hermana Silvina, casada con el escritor Adolfo Bioy Casares, decidieron alejarse de la trifulca y se fueron al campo por unas semanas. Victoria no había sido leve en sus comentarios sobre Eva. De la mujer del presidente había dicho que "ella lo que busca es venganza, poder y Dior", frase que desató la furia de la supuesta benefactora de los descamisados argentinos.

Evita tenía que alimentar diariamente su insaciable egolatría. Para ello recurría al aplauso de los pobres. Eran los tiempos de esa fundación que literalmente lanzaba dinero sobre manos que lo recibían como si viniera de una santa. Una mañana de frío invierno, enfundada en un traje de Dior y luciendo un tapado de mink, Evita concurrió al barrio de San Telmo, fingiendo como solía hacer amor por los desvalidos y necesitados que allí residían. En su comitiva estaba una señora que se encargaba de identificar a los carentes y menesterosos a quienes Evita debía abrazar para las fotos. La señora en cuestión hizo su tarea y entre las seleccionadas estaba Epifanía, la bordadora.

Evita abrazó a Epifanía y le plantó sendos besos en las mejillas heladas.

- Muchacha, te vamos a mandar a la escuela, para que aprendas a leer - le dijo la rubia a la joven bordadora.
- Yo nunca fui a la escuela, pero sé leer y también sé escribir - respondió la muchacha con voz entrecortada, a las claras asustada por la mirada de la primera dama.
- Seguro que te enseñó alguna de nuestras maestras del sindicato - le dijo Evita.
- No, me enseñó Victoria, Victoria Ocampo; y me regaló mucho libros de versos - dijo Epifanía.

Me narra el jardinero que lo que siguió fue un silencio agudo, penetrante, una daga que traspasó el aire. Que Evita empujó a la muchacha y le dijo:

- Esa es una burguesa, una enemiga de mi general Perón.

Al día siguiente, Epifanía y su padre fueron desalojados de esa casa en San Telmo donde habían vivido por años. La casa sería utilizada como sede de la Fundación Evita. Padre e hija quedaron en la calle, en pleno invierno, con apenas una maleta con lo poco que tenían y con los sedales para el bordado de la muchacha.

Pero, antes de ser expulsados, Epifanía tomó un libro de versos, regalo de Victoria. Como dedicatoria, una dirección en Palermo. Padre e hija caminaron por horas, bajo la lluvia en ese día invernal en que los termómetros marcaban un frío insoportable para el artrítico cuerpo del padre. Finalmente llegaron frente a un portón de hierro y sonaron la campanilla. Un hombre se acercó, el jardinero de aquella villa.

- Buscamos a la señora Victoria - dijo Epifanía.
- Está en el campo y no se sabe cuándo regresa.

La desolación debió notarse en el rostro de la atribulada joven y debió inspirar la compasión del cuidador de jardines.

- No se queden bajo la lluvia. Está helando. Pasen al fondo. Allí hay matecito y calorcito pa' que se sequen.

Sentado en la mesa de la cocina, un hombre reconoció a Epifanía. Era el chofer que tantas veces había llevado a Victoria a San Telmo. Los alojaron en un cuarto cálido y con luz, con ropas de cama frescas y perfumadas. Allí esperaron el regreso de Victoria. Epifanía remendó calcetines y bordó pañuelos. Y cuando terminó, bordó manteles y ropa de cama y lencería de baño. Cada tarde preparaba dulce de leche y rellenaba alfajores.

Victoria regresó y se puso muy contenta al hallar en su casa a la linda bordadora. El padre se convirtió en jardinero ayudante. Epifanía casó con el chofer y tuvieron varios hijos.

Victoria y Epifanía estuvieron juntas hasta la muerte de la escritora. Y hasta ese día, Epifanía preparó cada tarde dulce leche para rellenar alfajores, alfajores para Victoria.

www.ingramcontent.com/pod-product-compliance
Lightning Source LLC
Chambersburg PA
CBHW071411040426
42444CB00009B/2192